ANIMALES AMISTOSOS DEL ZOOLÓGICO

MONOS

AMY CULLIFORD
Traducción de Pablo de la Vega

Un libro de Las Raíces de Crabtree

Crabtree Publishing
crabtreebooks.com

Apoyos de la escuela a los hogares para cuidadores y maestros

Este libro ayuda a los niños en su desarrollo al permitirles practicar la lectura. Abajo están algunas preguntas guía para ayudar al lector a fortalecer sus habilidades de comprensión. En rojo hay algunas opciones de respuesta.

Antes de leer:

- ¿De qué pienso que trata este libro?
    - *Pienso que este libro es sobre los monos.*
    - *Pienso que este libro es sobre lo que les gusta hacer a los monos.*
- ¿Qué quiero aprender sobre este tema?
    - *Quiero aprender qué comen los monos.*
    - *Quiero aprender cómo se ven los distintos monos.*

Durante la lectura:

- Me pregunto por qué...
    - *Me pregunto por qué a los monos les gusta sentarse en árboles.*
    - *Me pregunto por qué a los monos les gusta jugar.*
- ¿Qué he aprendido hasta ahora?
    - *Aprendí que a los monos les gusta brincar.*
    - *Aprendí que los monos comen frutas.*

Después de leer:

- ¿Qué detalles aprendí de este tema?
    - *Aprendí que los monos pueden ser de muy distintos tamaños.*
    - *Aprendí que algunos monos se sientan en las ramas de los árboles.*
- Lee el libro una vez más y busca las palabras del vocabulario.
    - *Veo la palabra **mono** en la página 3 y la palabra **árboles** en la página 6. Las demás palabras del vocabulario están en la página 14.*

Este es un **mono**.

Los monos pueden ser grandes o pequeños.

Algunos monos se sientan en las ramas de los **árboles**.

Algunos monos brincan

¡Algunos monos juegan!

Todos los monos comen **frutas**.

Lista de palabras

Palabras de uso común

algunos	este	se
brincan	juegan	ser
de	las	un
en	los	
es	o	

Palabras para conocer

árboles

frutas

mono

32 palabras

Este es un **mono**.

Los monos pueden ser grandes o pequeños.

Algunos monos se sientan en las ramas de los **árboles**.

Algunos monos brincan.

¡Algunos monos juegan!

Todos los monos comen **frutas**.

Written by: Amy Culliford
Designed by: Rhea Wallace
Series development: James Earley
Proofreader: Janine Deschenes
Educational consultant:
Marie Lemke M.Ed.
Translation to Spanish:
Pablo de la Vega
Spanish-language layout and proofread: Base Tres

Photographs: Shutterstock: wanphen: cover; tratong: p. 1; Anut21ngPhoto: p. 3, 14; Anna Hoychuk: p. 5; Henner Damke: p. 5b; Roxane134: p. 7; Sergey Uryandnikov: p. 8-9; Nazzus: p. 11; Dailynockout: p. 12

ANIMALES AMISTOSOS DEL ZOOLÓGICO

MONOS

Crabtree Publishing

crabtreebooks.com 800-387-7650

In Canada: We acknowledge the financial support of the Government of Canada through the Canada Book Fund for our publishing activities.

Printed in Canada/062023/CPC20230629

Published in Canada
Crabtree Publishing
616 Welland Avenue
St. Catharines, Ontario
L2M 5V6

Published in the United States
Crabtree Publishing
347 Fifth Avenue
Suite 1402-145
New York, NY 10016

Hardcover 978-1-0396-1732-2
Paperback 978-1-0396-1738-4
Ebook (pdf) 978-1-0396-1744-5
Epub 978-1-0396-1750-6
Read-along 978-1-0396-1756-8
Audio book 978-1-0396-1762-9

Library and Archives Canada Cataloguing in Publication

Title: Monos / Amy Culliford ; traducción de Pablo de la Vega.
Other titles: Monkeys. Spanish
Names: Culliford, Amy, 1992- author. | Vega, Pablo de la, translator.
Description: Series statement: Animales amistosos del zoológico | Translation of: Monkeys. | "Un libro de las raíces de Crabtree". | Text in Spanish.
Identifiers: Canadiana (print) 20210231297 | Canadiana (ebook) 20210231300 | ISBN 9781039617322 (hardcover) | ISBN 9781039617384 (softcover) | ISBN 9781039617445 (HTML) | ISBN 9781039617506 (EPUB) | ISBN 9781039617568 (read-along ebook)
Subjects: LCSH: Monkeys—Juvenile literature.
Classification: LCC QL737.P9 C8518 2022 | DDC j599.8—dc23

Library of Congress Cataloging-in-Publication Data

Names: Culliford, Amy, 1992- author.
Title: Monos / Amy Culliford ; traducción de Pablo de la Vega.
Other titles: Monkeys. Spanish
Description: New York : Crabtree Publishing, [2022] | Series: Animales amistosos del zoológico - un libro de las raíces de Crabtree | Includes index.
Identifiers: LCCN 2021024053 (print) | LCCN 2021024054 (ebook) | ISBN 9781039617322 (hardcover) | ISBN 9781039617384 (paperback) | ISBN 9781039617445 (ebook) | ISBN 9781039617506 (epub) | ISBN 9781039617568
Subjects: LCSH: Monkeys--Juvenile literature. | Zoo animals--Juvenile literature.
Classification: LCC SF408.6.P74 C8518 2022 (print) | LCC SF408.6.P74 (ebook) | DDC 599.8--dc23
LC record available at https://lccn.loc.gov/2021024053
LC ebook record available at https://lccn.loc.gov/2021024054